MAGT

UFULDENDTE SERENADER

Et Foucaultsk galskabsbind

Kim Gørtz

KIM GØRTZ

MAGT

UFULDENDTE SERENADER

Et Foucaultsk galskabsbind

2025

SAGARO REC & PUB

ISBN: 978-87-7691-695-4

FORLAG: BOD · BOOKS ON DEMAND, STRANDVEJEN 100,

2900 HELLERUP, BOD@BOD.DK

TRYK: LIBRI PLUREOS GMBH, FRIEDENSALLEE 273,

22763 HAMBORG, TYSKLAND

Der findes kun sjældne mangfoldigheder, med
singulære punkter, tomme pladser for dem, der her
for et øjeblik fungerer som subjekter; kumulative,
gentagelige og selvbevarende regelmæssigheder.

Gilles Deleuze

Foucault, s. 32, 2004

Dét, der er forsvundet

En dobbelt operation

Bagsiden af et smil, som gådefuld fortielse, en tavs
og truende ironi, et mærkeligt mysterium; med
forfølgelsesuniversets tvangstanker, i den
neurologiske spaltning.

Oneiroide, maniske og depressive tilstande, et
splittet og utilstrækkeligt vanvid, *en slags
spejlprojektion*, "en intentionel flugt ud af den
øjeblikkelige situation"; *et ekko af et ønske*, en
permanent fare.

*Den cirkulære monotoni bag alle de patologiske
episoders mønster*, en bestemt oplevelsesform, hvor
"angsten fremtræder som et eksistentielt a priori";
den ængstelige måde at erkende sin sygdom på, en
helt og aldeles brutal omvæltning.

Forklædt, karikeret og pludseligt rædselsvækkende,
i "det klare rum" – i "det dunkle rum"; som en
ubevægelig maskine – *ikke længere at 'føle sig
hjemme på jorden'* – i galskabens sammenstyrtning,
på en privilegeret plads.

På nippet til at bryde sammen, berøvet sit sprog, i
en tavs periode, i en slags dunkel assimilation; i en
moralsk fastlænkning, en etisk kontrol, et rasende
asyl, en hemmelig invasion, i afsindighedens
isolation, på det vanvittige tilflugtssted, i den
tragiske splittelses tyngende glemsel.

At spejle et lysglimt i ordene, at gøre et skrig
hørligt i de synlige ting.

At tænke er at få det at se og det at tale til
deres respektive grænser, i en sådan grad, at
de befinder sig ved den fælles grænse.

Deleuze
Foucault, s.130, 2004

Indhold

Muligvis er det, som Foucault forelægger i denne arkæologi, i mindre grad en diskurs om hans metode end hans forudgående værks digt; og muligvis når han det punkt, hvor filosofien nødvendigvis er poesi, stærk poesi om det der siges, hvilket i lige så høj grad drejer sig om meningsløshed som om de dybeste meninger.

Deleuze

Foucault, s. 36-37, 2004

Et tæt væv

En skummende udtynding i 'talesamfundets'
rapsoder, den dobbelte underkastelses ritual
og "erkendelsesetik", en hemmelig læsning,
hvor *tingene mumler*, en slags frygt og
uordentlig summen af tale; begivenheds-
produktionernes konfessions-praksis og
bekræftelsesmagtens signifiant-monarki.

"Magten til at konstituere genstands-områder"
– at analysere en tales interne økonomi,
filosofiens begyndelse af, *hvad der endnu er
uberørt af dens uro*; en knudes tråde,
uendelige rækker af "viljer uden ansigter",
skafotoprørets kampstrategi og synliggørelse.

Den lyse og klare aften. Den frit formet og
underholdende kærlighedssang. Som en
forelsket bejler synges disse sange til en elsket
læser: *Magt. Ufuldendte serenader. Et
Foucaultsk galskabsbind.*

Det er helt Foucaultsk!

1. Magtens mulighedsfelter
2. Sandhedsregimer og sundhedspolitik
3. At frigøre ny tænkning; på soklen
4. Tingenes opløsning i deres ophav
5. En modgift; via mutationer og flænger

Ufuldendte serenader på vej

Sæson 2

Begær. *Et Freudsk neurosebind*

Selv. *Et Laingsk spaltningsbind*

Sundhed. *Et Frommsk hjertebind*

Skrift. *Et Barthessk tegnbind*

Tidligere udgivelser i sæson 2

Frigørelse. *Et Marcusesk erosbind*

Singularitet. *Et Reckwitzsk illusionsbind*

Sker. *Et Kirkebysk begivenhedsbind*

Etos. *Et Spinozask substansbind*

Askese. *Et Schopenhauersk forestillingsbind*

Tænkning afhænger ikke af et smukt indre, der
genforener det synlige med det sigelige, men
finder sted som et indbrud af et udenfor, der
udhuler intervallet og tvinger og
sønderlemmer det indre.

Deleuze

Foucault, s. 101, 2004

Monumenter & brydningssteder

Diffuse brændpunkter; "at sprede sig i sprogets tæthed", på tærsklernes middelmådige meninger, på begivenhedernes ukendte jord – en seriel metodes snit og glans.

I rådvildhedens, ubestemte "tidslige afledningsvektorer", i blokkenes levn og sameksistensens forsinkelser skabes en transversal diagonal og rumlig dimension; i skriftens latter – og glæde.

Den gale, perverse og kyniske rædsel, tavshedens lystighed, levende og vældig, lemlæster i jubel livets pragt; den kærlige hånds isolationsmaskines sensibilitet på et mikrofysisk plan.

Magtens genopvækkelse, "en infam spektakelmager", en sfære af 'frivillig indlæggelse'; i sjælelivets korridorer og krafts udøvelse – i hvirvlende støvskyer og i de rå kræfters fredstilstande.

En kamp-praksis i tugtelsens tegn, med den hjemsøgte krop, i diagrammets gnidninger; nye mutationer, som aftegner punkter for en spirende fremkomst, i et net af alliancer, en mikro-sociologi af – og med – imiterende strømninger i indretningernes væv.

Hvad skal gøres?

Faktisk producerer magten noget.

Den producerer noget reelt, den producerer et genstandsområde og nogle sandhedsritualer.

Individet og den erkendelse, som man kan uddrage af det, henhører under denne produktion.

Michel Foucault

Overvågning og straf, s, 210, 2002

Spredningsfelternes opbrud

I udspaltningernes svælg opsluges et kløvet mellemrum, suspenderet, smidig og vandtæt på mobilitetens korsveje; blindhedens zoner eksilerer i "den uendelige udsættelse", på en oceanisk linje, med en sælsom snoning.

At kløve og åbne ordenes glimt og skyggetilværelse, en lænkningens skulptur, "at dvæle ved øjeblikket" i *den store mumlen*, som en gådefuld anonymitet; et andet lys i det levendes *autopsi*.

Når "blikkets arkæologi" berøres af en pragmatisk strimmels glimmer, med en stum mening, på et tomt sted, i en revnes indsnit; her gennemtrænges spredningsrummet i knopskydningernes omfavnelser.

Udstrømmende hvirvelstrømme i en fælles immanens, et magtdiagram, hvis kraftlinjer fikserer og reproducerer sprog og lys, bobler og syder divergerende i omfordelingernes intensiteter; som "en snoet konkylie", i *en blinken uden grænser*.

Funklende fortætninger og flygtige frigørelser – som "at drive en flok på græs" – ophidset, tummelumsk; en mikro-ophidselse af unedbrydelige, abstrakte storme – i uviljens dumheder, nye fæhoveder i det vitale udfoldelsesrum, til betingelserne for livsudfoldelse, "det er i selve mennesket, at livet må sættes frit", en livets magt, en vitalmagt, at fremkalde et liv, en livskraft – der formår "at rive sig løs fra sig selv" – på en akse i *tænkningens hjerte*.

Den, der befinder sig i et synsfelt, og som er
klar over det, tager magtens tvang på sig.

Han lader den spontant virke på ham selv.

Han indskriver i sig selv en magtrelation, hvori
han selv spiller begge roller.

Han bliver oprindelsen til sin egen
underkastelse.

Foucault

Overvågning og straf, s, 220, 2002

Et sammenrend af erfaringspotentialer

En foldning af havet, solidt lænket til det uendelige vejrkryds; den gennemrejsende fange – "jeg møder ikke mig selv udenfor, jeg finder den anden i mig" – riften, vridningen, den "kvælende tomhed", køligere.

Enkrataia – "at bøje det udenfor i praktiske øvelser", at folde kraften som en æstetisk eksistens; "at regere sig selv" i *afventningens indre* (Blanchot) – "hvilke er vores fire folder?"

Den materielle foldning, magtforholdets foldning, sandhedens foldning, folden af det udenfor; hver gang skabes som et punkt af modstand – at genbøje magten – som en helt og aldeles metamorfose.

"En foldning af det udenfor", askesens tilintetgørelseskultur; *et forsøg på at trække vejret i tomrummet – hypomnemata –* "den absolutte erindring, der fordobler nutiden", smuldrer i gabet.

I det åbnes overgang, i en uafrystelig seriøsitet, *på en flydende linje uden kontur,* som en fredelig og velsignet kraft; langs den yderste horisont – langs den ontologiske fold.

"Vi leder efter et centralt værelse med angsten for, at der ikke er nogen, og at menneskets sjæl åbenbarer en stor og skrækindjagende tomhed." (Melville – Deleuze, s. 134, 2004)

At skrive er at kæmpe, at modstå;
at skrive er at blive til;
at skrive er at kortlægge,
'jeg er en kartograf…'

Deleuze
Foucault, s. 62, 2004

Udelukkelsesmaskinernes vitalisme

En zone af turbulent, visuelt støv og lydligt ekko;
livets linje, som en krølle, "en cyklons midte, der,
hvor det er muligt at leve, og hvor endda livet er",
hele *livet i folderne* – at udfolde vævene:

*"Mennesket har indespærret livet, overmennesket er
det, der befrier livet i mennesket selv, til fordel for en
anden form."* (Nietzsche – Deleuze, s. 145, 2004)

Kætternavnenes kaldemekanismer og maksimale
mætning, taleskærmenes udbredelses-undvigelser i
bekendelses-samfundets tilståelser på bunden af sig
selv; en flov lyrik med tilpasningsmekanismer, hvis
lyst-økonomiske sminke ransages af sig selv.

En politisk økonomi, der opsnapper alle de magiske
ringe og subtile spil, erobringer i "livets støbeform";
mobile styrkeforhold, som et transformations-
skemas alliance-installation, sker i trans-kulturelle
udklækningsrum, med den patologiske kapital i
korrektions-teknologiske mætnings-sfærer.

I maksimering af livet transponeres "den uendelige
udvidelse af styrken, levedygtigheden og
sundheden", i fysikkens filosofi og hykleri, i en
taktisk forskydning og opkrævning af livets
pragtudfoldelse, som en regulerende kontrol; at
gennemtrænge livet med en biopolitisk biomagt,
som en livs-teknologisk mikro-magt – helt og aldeles
som livskraftens betydningsbærende værdi.

Strømmende i en svimlende hastighed i retning
af et usynligt hulrum, hvor tingene er uden for
rækkevidde, og hvor sproget forsvinder i deres
vanvittige forfølgelse.

Deleuze
Foucault, s. 84, 2004

De brede spaltningers kraft

Dagliglivets berøringspunkter og krops-økonomiske begærs-værdi; en moralsk erfaring, en nydelsens praksis, en kriminel kritik og livs-æstetik med sjæle-ledelsens *afrodisia*, den daglige opførsel, en *"etho-poetisk* funktion", en selv-praksis, hvor omsorgens stilisering og handlekodeks udgør *bestemmelsen af den etiske substans*, som en underkastelsens teleologi og selvforvaltende kodificering.

Synousia – chresis – enkrateia – akolasia, kroppens overflade og kødets etik – *epithumia* – over-drivelsens store patologi, det amourøse begær; "øjeblikkets politik" – "øjeblikkets kunst", livets målestok, det rette tidspunkt, det mest gunstige øjeblik, et strålende værk, "at være vis og beherske sig selv", "at sejre over sig selv", "at bukke under for sig selv", "at styre sig selv", "at tage sig af sig selv" – øvelserne.

Selvregeringens sjælekraft, at være stærkere end sig selv, suverænens plads og sjælens dramaturgi, en levemådens diætetiske praksis som livskunst og livsteknisk, en seriel opmærksomhed, en beherskelse, en kraft og et liv i træning, *askesis*; hele livet gennem kærlighedens tråde og venskabs-forbindelsernes samliv, i "omsorgen for sig selv" – *den filosofiske asketik – den filosofiske erotik.*

At tænke,
det er at ankomme til det ikke-stratificerede.

At se er at tænke;
at tale er at tænke;
men det at tænke finder sted i krydsfeltet,
i disjunktionen mellem det at se og det at tale.

Deleuze
Foucault, s. 101, 2004

Morgenstilheden; hæs og tynget

Sandhedsspillene, søvnens billeder, der gør sindet
fortumlet; en utrættelig, tavs rådgiver, på det fælles
sted, i "selvets kultur" – at pleje sin sjæl, at
omforme sig selv – at vende tilbage til sig selv.

At sørge for sig selv, våge over sig selv, at bruge sig
selv, overladt til sig selv, at fuldende sin egen sjæl;
at samtale med sig selv – en vis filosofisk skoling, og
fundamental "sjæleledelsesaktivitet".

En "sjæletjeneste", som en sjælens terapi og pleje;
"en klinik for sjælen", i levemådens daglige
økonomi, en ransagelse og undersøgelse, "at vende
sig mod sig selv", *epistrofe eis heaton*,
omvendingens etik, en klinisk erfaring.

Denne plads, der gives til selverkendelsen, *askesis*, i
livstilens *oikos, en* selvbeherskelsens etik; et
sundhedspraktikkens betydningspotentiale – *hvad
fejler de – hvor gør det ondt?*

Et dybt rum, portrættet, identiteten; en
perceptionsmatrice fanget i en uendelig spiral, med
kramper og sympati på tærsklernes mani, i paralyse,
med væskernes livlighed og opmærksomhedens
fysiognomi, en singulariteternes intrige.

I det sociale rums netværk og opholdssted; i
"dødens tempel", i en fri spatialisering, i tilblivelses-
øjeblikkets omsorgspolitik, i en kollektivt,
kontrolleret struktur, i knudepunktets kritiske smitte
i den globale melankoliske sundhedsinspektion.

Man må stille spørgsmål ved disse fiks og
færdige synteser, disse grupperinger, som man
sædvanligvis medgiver uden nogen nærmere
undersøgelse, disse bånd hvis gyldighed er
anerkendt fra starten af;

man må fordrive disse former og dunkle
kræfter, hvormed man har for vane at forbinde
menneskenes diskurs med hinanden;

man må forjage dem fra det mørke, hvori de
hersker.

Foucault

Vidensarkæologien, s, 64, 2005

Magtens udenfor; at yde modstand

Pinestraf, "at berøres livet – uden at det gør ondt",
smertens ophævelse og lidelsesteknik; en
tvangspolitisk magt-mekanik, et aflukke, et kodet
rum – territoriets "celleagtige" disciplinering.

Programmets gestus og manøvrer, øvelsens krop og
nyttige dressur, der kapitaliserer tidens
pædagogiske praksis; en arkitekturs kropstvang og
automatiske lydighed – i en gradvis afretning.

Mistænksomme opsyn, "se uden at blive set",
uendelig, terapeutisk samvittighedsfuld; i
overvågningens maskineri, i en opøvelsens mikro-
økonomi – med normaliserende kompetencer.

En "vishedsanstalts" forhør, en ny politisk anatomi;
en blokade- og mekanisme-disciplin, som øger hver
enkeltes dygtighed og mulige nytteværdi – at
nyttiggøre individerne – helt og aldeles.

*At gøre sig selv usynlig, som et blik uden ansigt, som
en mobil og altid vågen opmærksomhed*; disciplinen
er magtens fysik, dannelsen af et disciplinært
samfund, "et overvågningssamfund" – en afretning.

"Mildhed-produktion-profit"; modmagtens
underkastelses-teknologier og politiske anatomi, en
operativ model, som *en inkvisitorisk teknik, der
aldrig får ende – at sætte nogen under observation*.

Sikkerhedssamfundets cirkulationsrum af ideer,
viljer, ordrer og varer med kapitaliseret overvågning,
som organiserer cirkulationens miljø; politisk klima.

For nu findes ikke længere denne første,
absolut oprindelige tale, ved hvilket diskursens
uendelige bevægelse fandt sig funderet og
begrænset;

for fremtiden vil sproget vokse uden
udgangspunkt, uden grænse og uden løfte.

Foucault

Ordene og tingene, s, 81, 1999

Forbundet med liv; at vrimle

At indfange refleksionsinstansen – *quieta non movere* – som "fyrstens visdom", hvor narreskibet vægrer sig mod udelukkelsesforanstaltningernes ladninger af vanvid; da galningene blev væk i "den absolutte passage", væk i *det uendelige vejkryds*.

På verdens bagside med galskabens latterliggørelse, i *døden, der allerede er der*; i intethedens runddans og meningsspredning, på en gådefuld overflade og i en usynlig tæthed – med lasternes svagheder.

Smigeren – *kolakia*, glemslen – *lethe*, egen-kærligheden – *filautia*, dovenskaben – *misaponia*, vellysten – *hedone*, letsindigheden – *anoia*, mageligheden – *tryfé*, syvsoveren – *hypnos*; der *fortaber sig i bøgernes støv*.

I luftspejlingernes satire i verdens tragiske hjerte og værens sol; i et fragment af mørkets afgrunde, fanget i den uendelige cyklus' nat, hvor visdommens væsen er omringet af den tomme selvglæde.

I den håbløse lidenskabs kortege og med tossernes mobilitet, i tvivlens økonomi, eksil og interneringsregime, i de afsindige forbedringshuses pilgrimsfærd er den sociale sensibilitet indespærret; helt og aldeles i en ny afsondret arbejdsetik.

Velgørenhedsarbejdet lindrer elendighedens svigt og almene sløseri den tøjlesløse taktik; lediggangen – *radix malorum omnium* – hovmodets attentat, i fordærvet flid og fortættet nøjsomhed.

Det, der taler, er ordet selv i dets ensomhed, i
dets skrøbelige vibration, i dets intethed – ikke
ordets mening, men dets gådefulde og usikre
væsen.

Foucault

Ordene og tingene, s, 355, 1999

Det sjældne rum; en mobil diagonal

Med silhuetternes sensibilitet og sociale syntese
bliver en stammende tidsløsheds spontane eksil
bortjaget og efterladt; løsagtighedens nabo
afkræves skriftemål og terapeutisk isolation.

Skampletten ruinerer skandalernes glorie af skyld i
sindsforvirringens forgiftning og bedrageri; et
moralsk forfald, et uordentligt og udsvævende liv, i
fritænkeriets afsind under skinnets tynde overflade.

Det afgørende øjeblik, evnen til at glemme, et
netværk af dunkel meddelagtighed, i de
medskyldiges ansigter i "det ondes økonomi", i
tilflugten til neurosen; *at lytte til galskabens
patologiske stemme*, i et delirium.

Særegne grimasser, nogle skrig, et truende raseri,
nervøse krampetrækninger; sindsforvirringens
stupide og imbecile *lunatics* – en mental patologi – i
faldets yderste punkt, i en eroderingens patetik.

En filosofisk satire, visdommens genvej; en marginal
perception i det ovale centrum, nervesygdommenes
gennemblødte pergament, en nervesaftens
skadelige slim, med månesygens særlige følsomhed.

Et stød i sjælen, et voldsomt brud med sig selv, i
bekymringens rum, sprogets sprækker; forfølgelses-
vanviddets dæmoniske delirium, hemmelighedens
vrangside – dybt indprentet i hjernen.

Men: hvordan kan det lade sig gøre, at
mennesket tænker det, det ikke tænker, at det
bebor det, der undslipper det på en stum
besiddende måde, og at det besjæler, med en
slags stivnet bevægelse, denne figur af sig selv,
der viser sig for det i form af en stædig
udvendighed?

Foucault

Ordene og tingene, s, 374, 1999

En anonym mumlen

At lade monumentet træde frem i sin tavshed, med brudfænomenernes og afbrydelsernes indvirkninger, i det dokumentariske væv; som et diskursens atom – som et punkt uden overflade.

I en gådefuld synkroni, i et utænkeligt rum og med et vævsmønster, der "fødes i en fold af være"; med slumrende foldelinjer og særkendets signatur – i *en stigende fures bevægelse*.

Med semiologisk sympati frigør den frelste verdens tegn et åbenbaringens sted; i skriftens sammentræf og rå væsen, som det Sammes helt, som bindingens fundament – i et umådeligt netværk.

En tegnfilosofisk spalte i et organisationsfoldende kundskabsrum, en revne, et dybtgående brud, en indre arkitektur, "der har fået hele den vestlige tanke til at vælte" – stadig ubevægeligt vibrerende.

Livet, viljen og det talte ord, *en dunkel vertikalitet*, i nattens mutationer og verdens krumning; "min talende tankes spinkle kæde", i genkomstens filosofi, i "det store kvadrat", i den uendelige svingning.

At begynde på ny, med *denne mærkelige uro på stedet*, at forsvinde i det samme ocean, i "revnen uden kronologi"; i tilblivelsesmodellernes kurver – i det påbud, der plager tanken indefra.

Langt fra at føre tilbage, eller blot pege mod en
virkelig eller virtuel identitets tinde, langt fra at
udpege det øjeblik for det Samme, hvor det
Andets splittelse endnu ikke er begyndt, er det
oprindelige i mennesket det, der fra
begyndelsen sammenføjer det med noget
andet end det selv.

I vore dage kan man ikke tænke andre steder
end i det forsvundne menneskes tomrum.

... med en filosofisk latter – det vil sige én, der
til en vis grad er tavs.

Foucault

Ordene og tingene, s, 384, 396, 397, 1999